ANALISI DEL LIBRO

AF126385

Orgoglio
e pregiudizio

· · · · · · · · · · · · · ·

JANE AUSTEN

ANALISI DEL LIBRO

Scritto da Mélanie Kuta
Tradotto da Sara Rossi

Orgoglio
e pregiudizio

JANE AUSTEN

JANE AUSTEN

SCRITTRICE INGLESE

- **Nata a Steventon nel 1775**
- **Morta a Winchester nel 1817**
- **Opere degne di nota:**
    - *Orgoglio e pregiudizio* (1813), romanzo
    - *Emma* (1815), romanzo
    - *Persuasione* (1818), romanzo

Jane Austen è stata una letterata inglese, nata nel 1775 e morta nel 1817. Figlia di un rettore della Chiesa anglicana e membro della buona società inglese, crebbe circondata dai suoi sei fratelli e da sua sorella. I suoi genitori non potevano permettersi di offrirle lunghi anni di studio, per cui la sua educazione venne impartita dal padre, dai fratelli e dalla biblioteca di famiglia, che era particolarmente fornita e alla quale aveva libero accesso. Non si sposò mai e visse tutta la vita con la sua famiglia.

Le sue opere contengono spesso critiche ai romanzi sentimentali della seconda metà del XVIII secolo. Jane Austen denuncia la dipendenza della donna dal marito. I principali romanzi pubblicati durante la sua vita sono *Ragione e sentimento* (pubblicato anonimo nel 1811), *Orgoglio e pregiudizio* (1813), *Mansfield Park* (1814) ed *Emma* (1815).

ORGOGLIO E PREGIUDIZIO

UN ROMANZO PIENO DI UMORISMO E SENTIMENTO

- **Genere:** romanzo epistolare
- **Edizione di riferimento:** Austen, J. (1853) *Orgoglio e pregiudizio*. Londra: Spottiswoodes and Shaw.
- **1° edizione:** 1813
- **Temi:** amore, matrimonio, classe sociale, donne, società

Orgoglio e pregiudizio è il romanzo più popolare di Jane Austen ed è stato il primo da lei scritto. Inizialmente intitolato *First Impressions*, il manoscritto fu rifiutato da un editore nel 1797. Nel 1809 Jane Austen iniziò a rivedere il romanzo, che fu pubblicato anonimo nel 1813 con il titolo *Orgoglio e pregiudizio*, due anni dopo la pubblicazione di *Ragione e sentimento*.

Questa commedia romantica è divisa in tre parti e si svolge durante le guerre napoleoniche (1797-1815) a Longbourn, nella campagna inglese. Jane Austen descrive una società estremamente segnata dalla distinzione sociale e dove la coscienza sociale di appartenere a una certa classe è molto forte. La storia è raccontata attraverso gli occhi di Elizabeth Bennet, la protagonista di *Orgoglio e pregiudizio*.

SINTESI

LIBRO I

Capitoli 1-4

L'annuncio dell'arrivo di un giovane ricco, Charles Bingley, nel maniero di Netherfield Park crea molta agitazione a Longbourn, soprattutto tra i Bennet. La famiglia ha cinque figlie: Jane, Elizabeth, Mary, Catherine e Lydia, tutte ancora nubili. La madre, la signora Bennet, vede nell'arrivo del giovane un'opportunità per sposare una delle sue figlie.

Si incontrano tutti qualche giorno dopo a un ballo. Il signor Bingley è accompagnato dalle due sorelle, dal cognato e da un amico di nome Darcy, particolarmente altezzoso e sgradevole, soprattutto nei confronti di Elizabeth.

Capitoli 5-8

Le discussioni sul ballo si ripresentano quando le figlie di Sir William Lucas, vicino di casa dei Bennet, vengono a far loro visita. La maggiore, Charlotte, parla dell'atteggiamento di Darcy nei confronti di Elizabeth.

Una mattina Jane riceve un invito a cena da Caroline Bingley, sorella di Charles. Poiché quella sera c'è la possibilità che piova, la signora Bennet manda Jane a Netherfield a cavallo, in modo che sia costretta a passare la notte lì. Il giorno dopo,

Jane non sta bene. Elizabeth decide di raggiungerla e trascorre molte serate con il signor Bingley e i suoi compagni.

Capitoli 9-12

Mentre Jane è costretta a letto, Elizabeth si diletta a provocare Darcy, che rimane stregato dalla giovane donna. Solo la loro differenza di classe sociale gli impedisce di esprimere liberamente i suoi sentimenti.

Quando Jane si è ripresa, le sorelle tornano a casa.

Capitoli 13-17

I Bennet ricevono la visita di William Collins, cugino del signor Bennet ed ecclesiastico, al servizio di Lady Catherine de Bourgh. È lui che erediterà i beni di famiglia alla morte del signor Bennet.

A Meryton, Lydia incontra uno dei suoi amici ufficiali che le presenta una nuova recluta, il signor Wickham. Darcy e Bingley li incontrano per caso e Darcy è molto freddo nei confronti di Wickham.

Durante una cena, Wickham conversa con Elizabeth e le confida che Darcy ha messo in pericolo il suo futuro finanziario. La donna scopre poi che Darcy è il nipote di Lady Catherine de Bourgh. Il suo disprezzo per lui diventa ancora più forte.

Capitoli 18-23

Durante un ballo a Netherfield, la signorina Bingley consiglia a Elizabeth di guardarsi da Wickham, consiglio che lei sceglie di ignorare. A cena, la signora Bennet si rende ridicola parlando del possibile matrimonio tra Jane e il signor Bingley.

Il giorno dopo, il signor Collins chiede la mano di Elizabeth. Lei rifiuta, provocando così la rabbia della madre. La signora Bennet chiede allora aiuto al marito, che concorda con la decisione della figlia.

Jane riceve una lettera dalla signorina Bingley che la informa della partenza di Bingley e dei suoi compagni per Londra, a tempo indeterminato: ne rimane sconvolta.

I Bennet apprendono che il signor Collins sta per sposare Charlotte. Elizabeth è sconvolta da questa notizia.

LIBRO II

Capitoli 1-3

Il signor Gardiner, fratello della signora Bennet, e sua moglie vengono a Longbourn per Natale. Notando la tristezza di Jane, le chiedono se vuole andare con loro a Londra. Lei accetta, sperando di incontrare il signor Bingley. La signora Gardiner nota l'attrazione di Elizabeth per Wickham e la mette in guardia da quell'uomo.

Capitoli 4-11

A marzo, Elizabeth va a trovare Charlotte a Hunsfort, dove si trova la canonica del signor Collins. Cenano tutti insieme a Rosings, nella casa di Lady Catherine de Bourgh, che si dimostra sgradevole nei confronti di Elizabeth, criticando la sua mancanza di istruzione.

Darcy e un cugino, il colonnello Fitzwilliam, vengono a far visita alla zia. Fitzwilliam dice a Elizabeth che Darcy si vanta di aver recentemente salvato un amico da un matrimonio imprudente. Lei capisce che sta parlando del matrimonio della sorella con Bingley.

Più tardi, quando sono soli, Darcy confessa il suo amore a Elizabeth e le chiede di sposarlo, nonostante la sua inferiorità sociale. Elizabeth dapprima rifiuta gentilmente, poi lo accusa violentemente di aver sabotato il matrimonio di sua sorella e il futuro finanziario di Wickham. Aggiunge che è un uomo arrogante, orgoglioso e sprezzante e che non lo sposerebbe mai. Darcy se ne va.

Capitoli 12-19

Prima di lasciare Rosings, Darcy consegna a Elizabeth una lettera in cui ammette di aver cercato di rompere l'unione tra Bingley e sua sorella. Spiega anche il suo conflitto con Wickham: quest'ultimo, dopo aver tentato di estorcere denaro a Darcy, ha cercato di sposare sua sorella, Georgiana, per mettere le mani sulla sua fortuna. Elizabeth, sconvolta da queste rivelazioni, si vergogna di aver creduto così facilmente alle storie dell'ufficiale.

Elizabeth torna a Longbourn accompagnata da Jane. Lydia viene invitata dalla moglie del colonnello Forster a trascorrere l'estate a Brighton, dove si recano gli ufficiali. Mr. Bennet acconsente.

A luglio, Elizabeth accompagna i Gardiner nel loro viaggio. Arrivano nei pressi di Pemberley, la casa di Darcy. Saputo che il proprietario è assente, Elizabeth accetta di visitarla.

LIBRO III

Capitoli 1-3

Darcy fa il suo ingresso a Pemberley ed è estremamente cortese con i suoi ospiti. Elizabeth è imbarazzata e gli assicura che ha accettato di venire solo perché pensava che lui non ci fosse.

Capitoli 4-7

Elizabeth scopre che Lydia è scappata con Wickham e che la famiglia non sa se sono sposati. La reputazione di Lydia e dell'intera famiglia Bennet è in pericolo. Elizabeth racconta tutto a Darcy, poi parte per ricongiungersi alla sua famiglia.

Il signor Gardiner trova finalmente la coppia illegittima e convince l'ufficiale a sposare Lydia. I Bennet sono convinti che i Gardiner gli abbiano dato del denaro. La signora Bennet esplode di gioia all'annuncio del loro matrimonio.

Capitoli 8-13

Wickham e Lydia tornano a Longbourn. Elizabeth apprende dalla signora Gardiner che è stato Darcy a trovare la giovane coppia e a pagare Wickham, per amore di lei.

Darcy e Bingley tornano a Netherfield Park e si recano più volte a casa Bennet. Bingley chiede la mano al padre di Jane, che accetta.

Capitoli 14-19

Lady Catherine de Bourgh viene a trovare i Bennet e chiede di parlare con Elizabeth. La informa di una voce secondo cui

Darcy avrebbe intenzione di sposarla, cosa che lei trova ridicola. Elizabeth si difende e rifiuta di farsi intimidire. Lady Catherine se ne va, furiosa.

Durante una passeggiata, Elizabeth ringrazia Darcy per la sua generosità nei confronti di Lydia e gli comunica che i suoi sentimenti per lui sono cambiati: accetta la sua proposta di matrimonio. Mr. Bennet, inizialmente stupito, acconsente al matrimonio.

Poco dopo i due matrimoni, Bingley e Jane si stabiliscono vicino a Pemberley. Kitty viene tenuta lontana dalla cattiva influenza di sua sorella Lydia, che chiede spesso l'elemosina a Elizabeth e Darcy e si reca in visita ai Bingley. Elizabeth e Georgiana diventano buone amiche. Alla fine, Lady Catherine accetta l'unione del nipote.

STUDIO DEL CARATTERE

ELIZABETH BENNET

La protagonista del romanzo è la seconda delle cinque figlie Bennet. È bella e ha occhi molto espressivi. Piena di spirito e di buon senso, si esprime con disinvoltura e intelligenza. Le piace osservare il comportamento delle persone che la circondano.

Tuttavia, spesso giudica coloro che la circondano un po' troppo in fretta. Questo la porta a sbagliarsi sulla vera natura degli altri, compresi Wickham e Darcy, e ad aggrapparsi ai suoi pregiudizi iniziali prima di rendersi conto dei suoi errori. Molto sicura di sé, non si lascia intimidire facilmente, nemmeno da chi appartiene a una classe sociale superiore.

SIGNOR DARCY

Figlio di una famiglia molto ricca, possiede la tenuta di Pemberley nel Derbyshire. È anche il nipote di Lady Catherine de Bourgh e il migliore amico del signor Bingley. È l'equivalente maschile di Elizabeth e il lettore capisce subito che è fatto per lei.

Di aspetto snob e arrogante, la sua ricchezza e il suo status lo rendono un uomo molto orgoglioso e consapevole della sua superiorità sociale. Come Elizabeth, è franco e rapido nel giudicare le persone che incontra. Tuttavia, il rifiuto di Elizabeth di sposarlo lo spinge a essere più umile e a rivalutare le sue pretese.

È anche un uomo molto generoso: non esita ad aiutare Lydia e la famiglia Bennet. Dimostra quindi un forte impegno nei confronti di Elizabeth, nonostante la povertà e la mancanza di correttezza dei Bennet.

JANE BENNET

Jane è la maggiore e la più bella delle sorelle Bennet. È più riservata e più morbida di Elizabeth, con la quale condivide una vera complicità. Crede nella bontà di tutti e tempera i giudizi affrettati della sorella. È subito attratta da Charles Bingley, ma evita di esprimere apertamente i suoi sentimenti, il che spinge Darcy a credere che non lo ami davvero.

CHARLES BINGLEY

Bingley è un giovane ricco che si stabilisce nel castello di Netherfield all'inizio del romanzo. Il suo carattere è molto simile a quello di Jane, di cui si innamora quasi subito. La sua semplicità e la sua indifferenza alle distinzioni di classe sociale sono l'esatto contrario di quelle di Darcy, il suo migliore amico.

SIGNOR BENNET

Padre delle ragazze Bennet, il signor Bennet è cinico e ama prendersi gioco della stupidità della moglie. Pur amando le figlie, soprattutto Elizabeth, che gli somiglia molto, mostra un certo distacco dalle loro preoccupazioni coniugali e quindi viene meno al suo ruolo paterno.

SIGNORA BENNET

Madre delle ragazze Bennet, è rumorosa, sciocca e irrazionale. Il suo unico obiettivo nella vita è far sposare le figlie. Tuttavia, la sua mancanza di istruzione e il suo comportamento inappropriato riducono le sue possibilità di trovare marito alle figlie. Si preoccupa più della sicurezza finanziaria delle sue figlie che della loro felicità.

GEORGE WICKHAM

Di aspetto affascinante, questo ufficiale è ossessionato dalla ricchezza. Giocatore d'azzardo e senza scrupoli, cerca di truffare Darcy per ottenere denaro e di sposare sua sorella, Georgiana, per mettere le mani sulla sua fortuna. Inizialmente attratta dalla sua bellezza e dal suo carisma, Elizabeth si allontana poi da lui a causa delle rivelazioni sul suo oscuro passato, che allo stesso tempo la avvicinano a Darcy.

LYDIA BENNET

La più giovane delle sorelle Bennet, Lydia è immatura ed egocentrica. È quella che assomiglia di più alla madre. Impulsiva, non pensa prima di agire e questo la porta quasi alla rovina.

SIGNOR COLLINS

Ecclesiastico molto pomposo e un po' stupido, il signor Collins è sotto la protezione di Lady Catherine de Bourgh, che ama ricordare senza sosta. Cugino del signor Bennet, erediterà la tenuta di Longbourn dopo la sua morte, in quanto gli è stata ceduta. Dopo il rifiuto di Elizabeth di sposarlo, sposa Charlotte Lucas.

CHARLOTTE LUCAS

Amica intima di Elizabeth, Charlotte non è particolarmente bella. Molto pragmatica, non considera l'amore come una parte essenziale del matrimonio e vuole solo vivere una vita comoda. Per questo motivo accetta di sposare il signor Collins.

CAROLINE BINGLEY

Sorella di Charles Bingley, Caroline è altezzosa e superficiale. È estremamente accondiscendente nei confronti della famiglia Bennet, soprattutto nei confronti di Elizabeth, e si fa beffe delle loro umili origini. I suoi tentativi di attirare l'attenzione di Darcy non fanno altro che avvicinarlo a Elizabeth.

LADY CATHERINE DE BOURGH

Zia di Darcy, è molto arrogante e ama controllare chi è sotto di lei. Incarna perfettamente lo snobismo sociale, soprattutto quando cerca di allontanare Elizabeth dal nipote.

MARY BENNET

Mary è la terza delle figlie Bennet. Pretenziosa, preferisce istruirsi e leggere piuttosto che mescolarsi con le persone della sua età.

CATHERINE (KITTY) BENNET

Quarta delle ragazze Bennet, è molto legata a Lydia e, come lei, è affascinata dagli ufficiali.

IL SIGNORE E LA SIGNORA GARDINER

Il fratello della signora Bennet e sua moglie sono persone molto premurose ed educate, che spesso si dimostrano genitori migliori per le ragazze Bennet rispetto al signor Bennet e a sua moglie.

GEORGIANA DARCY

Sorella del signor Darcy, è poco presente nel romanzo, ma molti personaggi la lodano. È molto bella e molto timida.

ANALISI

L'ARTE DEL DIALOGO

I dialoghi sono molto presenti e vari in *Orgoglio e pregiudizio*. All'epoca di Jane Austen, i romanzi venivano spesso letti ad alta voce; il dialogo era quindi molto importante.

Qui definiscono un ruolo fondamentale nello svolgimento della trama. Infatti, ci sono poche descrizioni e le parole pronunciate costituiscono l'azione della storia. I momenti decisivi della trama vengono ascoltati attraverso le conversazioni e anche le lettere, come vedremo più avanti.

Ad esempio, il romanzo si apre con un dialogo tra la signora Bennet e suo marito. Il lettore scopre così che la principale preoccupazione della signora Bennet è quella di far sposare le sue figlie. L'atteggiamento ironico e sarcastico del signor Bennet nei confronti della moglie, che è isterica e lamentosa, si rivela anche in questo primo dialogo:

> *"Oh! Single, mia cara, per essere sicuri! Un uomo single con una grande fortuna; quattro o cinquemila all'anno. Che bella cosa per le nostre ragazze!".*
>
> *"In che senso? Come può influire su di loro?"*
>
> *"Mio caro signor Bennet", rispose la moglie, "come potete essere così noioso! Devi sapere che sto pensando di fargli sposare una di loro"* (Capitolo 1)

Jane Austen utilizza questi numerosi dialoghi anche per rivelare la personalità di ciascuno dei protagonisti, fornendo loro uno stile linguistico unico:

- Elizabeth usa l'ironia per prendere in giro l'ipocrisia di chi la circonda. Ha una battuta facile, è franca e diretta, ma non cerca mai di offendere intenzionalmente il suo interlocutore;
- la signorina Bingley, invece, usa le sue parole per confermare la sua superiorità, soprattutto nei confronti di Elizabeth. È sprezzante e satirica;
- le lettere del signor Collins rivelano un carattere compiaciuto e presuntuoso. I suoi discorsi sono sciocchi e noiosi;
- Lydia è una vera e propria chiacchierona che addebita banalità senza alcuna sostanza reale;
- la signora Bennet è ridicola come il linguaggio che usa. Il suo discorso, fatto di pettegolezzi assurdi, è ridondante e ripetitivo;
- Darcy è un personaggio serio e poco loquace. I suoi discorsi sono pieni di cinismo e di implicazioni ironiche. I suoi scambi con Elizabeth sono brillanti.

Infine, Jane Austen utilizza questa forma dialogica perché la conversazione aveva un ruolo molto importante nei rapporti sociali della buona società dell'epoca. Questo è anche il motivo per cui Darcy non è apprezzato dagli abitanti di Longbourn: fin dal primo ballo, rifiuta di participare ai pettegolezzi con i suoi vicini e rimane in silenzio. È per questo motivo che inizialmente viene dipinto come un uomo rude e arrogante. Al contrario, Wickham è molto incline alla conversazione ed è amato direttamente da tutti, soprattutto da Elizabeth.

UN ROMANZO EPISTOLARE

Quasi tutti i personaggi scrivono lettere ed esprimono le loro opinioni attraverso la loro vasta corrispondenza. Inoltre, è attraverso queste lettere che vengono rivelati i principali eventi della storia:

- apprendiamo che Jane non sta bene e deve rimanere a Netherfield nella lettera che scrive a Elizabeth;

- Caroline Bingley annuncia a Jane in una lettera che il signor Bingley e i suoi compagni hanno lasciato Netherfield Park a tempo indeterminato;

- Elizabeth, in viaggio con i Gardiner, apprende tramite una lettera di Jane che Lydia è scappata con Wickham e che non hanno ricevuto alcuna notizia della coppia illegittima: "A quest'ora, mia carissima sorella, avrai già ricevuto la mia frettolosa lettera; vorrei che questa fosse più comprensibile. [...] Carissima Lizzy, non so proprio cosa scrivere, ma ho brutte notizie per te, e non possono essere rimandate" (Libro III, Capitolo 4);

- è attraverso una lettera che Darcy spiega a Elizabeth perché ha cercato di impedire il matrimonio tra Bingley e Jane. Inoltre, delinea la natura delle sue divergenze con Wickham: "Non siate allarmata, signora, nel ricevere questa lettera, dal timore che contenga la ripetizione di quei sentimenti o il rinnovo di quelle offerte che ieri sera vi hanno tanto disgustato. [...] Due offese di natura molto diversa, e per nulla di uguale entità, mi avete addebitato ieri sera" (Libro II, Capitolo 12).

Molti critici ritengono che *Orgoglio e pregiudizio* fosse in origine un romanzo epistolare, prima di essere rielaborato. Non essendo rimasto nulla del manoscritto originale, è impossibile confermare o smentire questa ipotesi.

L'IMPORTANZA DEL MATRIMONIO

Come suggerisce la frase di apertura del romanzo, il matrimonio e la funzione sociale che esso rappresenta erano fondamentali all'epoca di Jane Austen. All'epoca, le giovani donne non avevano accesso all'istruzione superiore e l'unica professione che potevano svolgere era quella di governante. Il matrimonio era l'unico modo per garantire loro la sicurezza finanziaria e lo status sociale.

La situazione era ancora più pericolosa in un caso come quello delle sorelle Bennet. Essendo il patrimonio del signor Bennet vincolato, deve essere trasferito a un cugino più o meno lontano (il signor Collins) a causa dell'assenza di un erede maschio diretto. Alla morte del signor Bennet, la signora Bennet e le sue figlie saranno costrette a fare affidamento sulla carità dei parenti, cosa socialmente molto umiliante.

Il lettore capisce presto perché la signora Bennet è così ossessionata dal matrimonio. Secondo lei, la felicità si misura esclusivamente in termini finanziari. Altri personaggi ragionano in modo simile e considerano il matrimonio una semplice transazione finanziaria e sociale:

- Mr. Collins non capisce il rifiuto di Elizabeth di sposarlo quando la sua situazione le gioverebbe così tanto: "Non mi sembra che la mia mano sia indegna di essere accettata da voi, o che la sistemazione che posso offrire non sia altro che altamente desiderabile [...] e dovreste tenere in ulteriore considerazione che, nonostante le vostre molteplici attrattive, non è affatto certo che un'altra offerta di matrimonio possa mai esservi fatta" (capitolo 19);

- Charlotte confessa a Elizabeth di aver accettato di sposare Mr. Collins solo per la sua posizione sociale e per il suo denaro. È un matrimonio di convenienza, non d'amore: "Chiedo solo una casa confortevole; e considerando il carattere, i legami e la situazione di Mr. Collins nella vita, sono convinta che le mie possibilità di felicità con lui siano pari a quelle che la maggior parte delle persone può vantare quando entra nello stato matrimoniale" (capitolo 22);

- la signorina Bingley vuole garantire la propria ascesa sociale e quella del fratello sposando il signor Darcy.

- Infine, attraverso le diverse coppie che si formano nel corso del romanzo, Jane Austen presenta diversi modelli di matrimonio:

- Lydia e Wickham. Questo è il peggior matrimonio del romanzo. Wickham è un traditore, un giocatore d'azzardo e non ama veramente Lydia. Accetta di sposarla in cambio di denaro da parte di Darcy. Quanto a Lydia, è troppo sciocca per rendersi conto di aver messo a repentaglio la reputazione della sua famiglia e pensa che il suo sia un vero matrimonio d'amore;

- il signor e la signora Bennet. Accecato dalla bellezza e dalla giovinezza della signora Bennet, il signor Bennet non si rende subito conto della stupidità e della futilità della moglie. Tuttavia, non fa nulla per cercare di migliorare il loro rapporto. Preferisce evitare la moglie e rifugiarsi nella sua biblioteca. Si tratta di un matrimonio intellettualmente squilibrato;

- il signor Collins e Charlotte. A 27 anni, Charlotte, che non è molto bella, ha poche speranze di sposarsi. Con questa unione, ottiene l'accesso a un buon status sociale, alle comodità materiali e a un certo livello di indipendenza. Il signor Collins, invece, si sposa per dovere, poiché Lady Catherine de Bourgh lo spinge a dare l'esempio;

- il signore e la signora Gardiner. Si tratta di un matrimonio stabile e maturo, a differenza di quello dei Bennet. L'accordo e il rispetto sono fondamentali nella loro relazione;

- Jane e il signor Bingley. Jane sposa il signor Bingley soprattutto perché lo ama, non per la sua fortuna. Anche Bingley è molto affezionato a Jane e non dà importanza allo status sociale. Questo è un vero matrimonio d'amore;

- Elizabeth e Darcy. Elizabeth, come Jane, non si sposa per avidità. La sua scelta è libera e indipendente. Cerca la felicità e la realizzazione personale. È sincera e non finge di amare per ottenere uno status sociale come la signorina Bingley. Darcy ed Elizabeth riescono a superare gli ostacoli (i pregiudizi di Elizabeth, l'orgoglio di Darcy) e a diventare partner alla pari. Il loro matrimonio si basa sulla stima e sul rispetto reciproco.

ULTERIORI RIFLESSIONI

ALCUNE DOMANDE SU CUI RIFLETTERE...

- Tracciate i diversi viaggi delle sorelle Bennet nel corso del romanzo. Secondo voi, qual è la funzione principale di questi viaggi? Quali conseguenze hanno sul futuro delle donne?

- Il romanzo si apre con questa frase: "È una verità universalmente riconosciuta, che un uomo solo in possesso di una buona fortuna, deve essere in mancanza di una moglie". In che modo questa frase è ironica? Secondo voi, perché Jane Austen inizia il suo romanzo in questo modo?

- *Orgoglio e pregiudizio* fu pubblicato in forma anonima. Tenendo conto dell'epoca in cui visse Jane Austen, pensate a tre possibili spiegazioni per questo fatto.

- Che cosa simboleggia la tenuta di Pemberley?

- Il titolo originale scelto per il romanzo di Jane Austen era *First Impressions*. Cosa rende questo titolo un'opzione altrettanto adatta?

- Analizzate a fondo il personaggio del signor Bennet. Secondo voi, è più simpatico o sgradevole? È un aiutante o un avversario nella ricerca del matrimonio delle figlie Bennet?

- Jane Austen usa ripetutamente l'ironia nel romanzo. Prendete cinque esempi e spiegate ciascuno di essi.

- Perché, secondo voi, il romanzo è ancora così popolare oggi?

- Mostrate come alcuni personaggi secondari, come Miss Bingley, Mr. Collins e Lady Catherine de Bourgh, siano stati creati da Jane Austen per avvicinare Elizabeth e Darcy.

- Che rapporto ha la signora Bennet con le sue figlie (in particolare Elizabeth e Lydia)?

ULTERIORI LETTURE

EDIZIONE DI RIFERIMENTO

Austen, J. (1853) *Orgoglio e pregiudizio*. Londra: Spottiswoodes and Shaw.

STUDI DI RIFERIMENTO

Sparknotes Editors (2002) *Sparknotes on* Pride and Prejudice *di Jane Austen*. New York: SparkNotes LLC.

ADATTAMENTI

Il romanzo è stato oggetto di numerosi adattamenti, alcuni più fedeli al romanzo originale di altri. Gli adattamenti più importanti sono i seguenti:

Orgoglio e pregiudizio. (1995) [Serie televisiva in 6 episodi]. Sue Birtwistle e Simon Langton. Diretti da Sue Birtwist e Simon Langton. REGNO UNITO: British Broadcasting Corporation (BBC).

Il diario di Bridget Jones. (1996) [Libro]. Di Helen Fielding. Questo romanzo contiene molti elementi di *Orgoglio e pregiudizio* in un contesto del XX secolo. È stato anche adattato in un film nel 2001, con Colin Firth, Hugh Grant e Renée Zellweger.

Orgoglio e pregiudizio. (2005) [Film]. Joe Wright. Dir. Francia/Regno Unito: Focus Features.

Diventare Jane. (2007) [Film]. Julian Jarrold. Regno Unito/Irlanda: HanWay Films/UK Film Council. Questo film include elementi di *Orgoglio e pregiudizio* mescolati alla biografia di Jane Austen.

Orgoglio e pregiudizio e zombie. (2009) [Libro]. Di Seth Grahame-Smith. Parodia del romanzo di Jane Austen, che unisce fanta-scienza e horror.

Vogliamo sapere da voi!
Lasciate un commento sulla vostra biblioteca online
e condividete i vostri libri preferiti sui social media!

www.50minutes.com

Master ISBN: 9782808690218
ISBN cartaceo: 9782808611619
Deposito legale: D/2023/12603/1441

Copertura: © Primento

Concezione digitale a cura di Primento, il partner digitale degli editori.